# LA VRAYE METTODE
de bien trencher les viandes tant à l'Italienne qu'à la main et les différentes façons de peler et de seruir touttes sortes de fruits et le moyen den faire diverses figures

par JAQUE VONLETT

fribourgeois

Lyon   1647

Recueilli, mis en ordre et préfacé par

CHARLES DE SALVERTE

A DIJON

AUX ÉDITIONS DU RAISIN

1 9 2 6

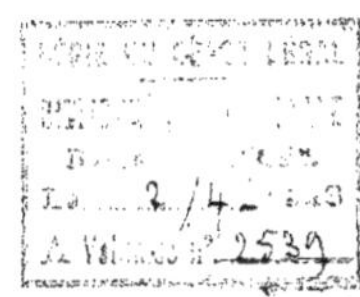

# CUISINE

---

# LART DE TRENCHER
# LES VIANDES

# LA VRAYE METTODE
de bien trencher les viandes
tant à l'Italienne qu'à la main et
les différentes façons de peler et de
seruir touttes sortes de fruits et le
moyen den faire diverses figures

par JAQUE VONLETT

fribourgeois

Lyon    1647


Recueilli, mis en ordre et préfacé par
CHARLES  DE  SALVERTE

A DIJON
AUX ÉDITIONS DU RAISIN
1  9  2  6

# AVANT-PROPOS

*Au cours de la préface de son manuel des Amphitrions publié
en 1808, Grimaud de la Reynière fait une allusion vague... à un
manuscrit trouvé dans un couvent de Bernardins Flamands, qui lui
aurait donné l'idée de son traité sur la « dissection des Viandes ».
Il est probable que le voilà.*

*Mais Grimod ne parle pas de la manière de découper les
fruits. En faut-il conclure qu'il existe un autre manuscrit du
meme genre.*

*Les vingt neuf planches sont accompagnées d'un texte explicatif
manuscrit en français, quelquefois avec notes en italien, écrit de
deux mains différentes.*

*Les planches sont de tout premier tirage. Elles portent chacune
de nombreuses salissures de burin. En outre, les explications
relatives au découpage sont toutes tracées à la main aux numéros
de détail.*

*On remarquera que les sept dernières planches, montrant des fruits, crustacés et insectes, ne sont accompagnées d'aucune description.*

*Les planches gravées doivent bien se rapporter à un livre gastronomique imprimé mais actuellement inconnu. Elles sont certainement du seizième siècle, antérieures à l'écriture du manuscrit, et ne correspondent à aucun des ouvrages français ou Italiens de cette époque sur ce sujet (cf. Scappi, Lancilotti, etc., soit les divers auteurs mentionnés par Brunet, table n$^{os}$ 10 982 et suivants).*

*(Document unique et précieux.)*

[Appartenait à la Bibliothèque du baron Pichon] G. VICAIRE page 870, bibliographie gastronomique.

# CUISINE

# LART DE TRENCHER
# LES VIANDES

« *Quæritur utrum capones vel
gallinæ nuliores sunt inbrocca
quam in poto cum herbis, soupa
et lardo* (1) ».

La vie de puissante et très
haute Madame Guéline par
Monsieur Frippesauce.

ELÙI, qui doit seruir atable, voyant la Compagnie
assise, prendra la place qui lui est assignée ; et,
mettant sa seruiette sur l'espaule gauche, déscou-
urira les plats auec le cousteau, et taschera
dembrocher le plus justement les viandes pour les bien
descouper, et garnir égalent les assiettes d'un chacun. Et estant
au seruice dun prince il doit sçauoir ses apetis pour l'en
pouuoir seruir.

Entre ses amis lon decoüpe toute la pièce entière, laquelle
etant trenchée, lon présente avec le plat, afin que chacun puisse
prendre selon son apetit présentant toute fois au plus apparent

(1) *Asçauoir si Chapons rôtis bien lardez, valent mieux à part qu'ils ne feraient cuits au bon lard.
Avecquesdes herbes en un pôt.*

de la compagnie ; et, pour les pastés, la viande s'en doit trencher de trauers et seruir de la lame sur les assiettes. Et les pastés de volaille vous trencherez les jointures comme la poule bouillie ou le pigeon. A ceux du poisson, sont leue l'espine du dos, comme vous apprendrez ci-après.

Pour les tartes et gasteaux, lon en fait autant de parts comme lon a de personne aseruir.

Et les dragées se seruent à la cueiller, et les confitures auec la fourchette, en mettant de chaque sorte sur lassiette.

Nota. A la di Cappone, lehiena di Castrone, al patron dagli la Cima di larosto el lesso appresso losso pan d'un Di, vin d'un anno, formaggio che piange minestra di centocchi.

La Grue, Lestourneau et tous petits oiseaux semblables se
trenchent tous d'une mesme façon.

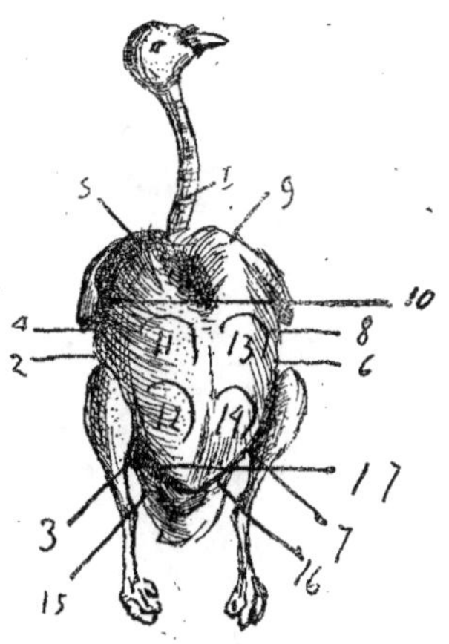

## LA BECCACIA

La beccacia commencia di novembre dura fin
alla Primavera, é di buon lapore e non vin
tutto volgare, Pia le giunture gentile e pero si
mincia con facilia si serue intera e su pezzi.

Le pigeon, la colombe, le ramier,
se trenchent tous deceste façon;

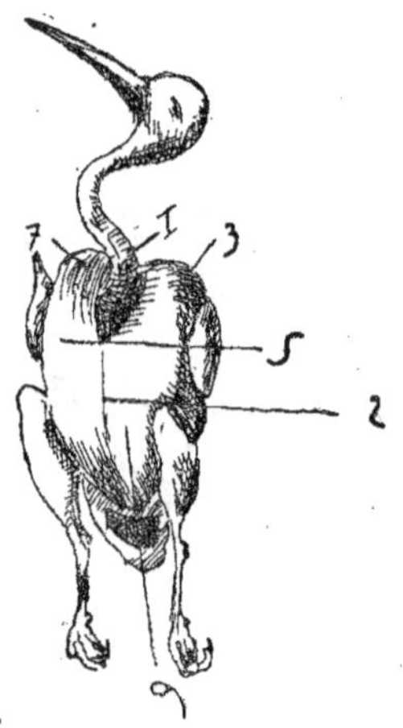

les trenchant entiers, les seruant
à des personnes de qualité.

## PERNICE

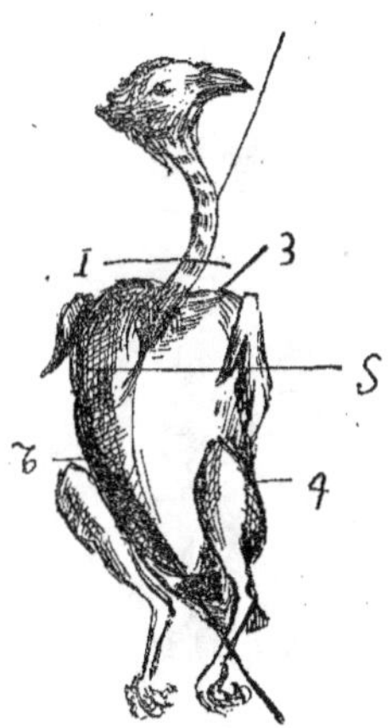

La stagione della pernice commencia
d'ottobre e a vina atutta quaressima, le é grouane, e
ancora buona d'Agosto all ora si domanda
pernicotto.

Les poules, les pigeons

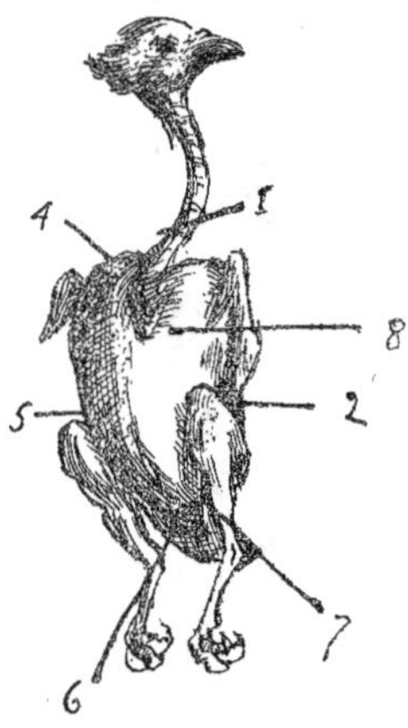


se trenchent en deux, selon le nombre
des personnes, et mesme la perdrix.

CHAPPON
A LA
CAVALLIÈRE

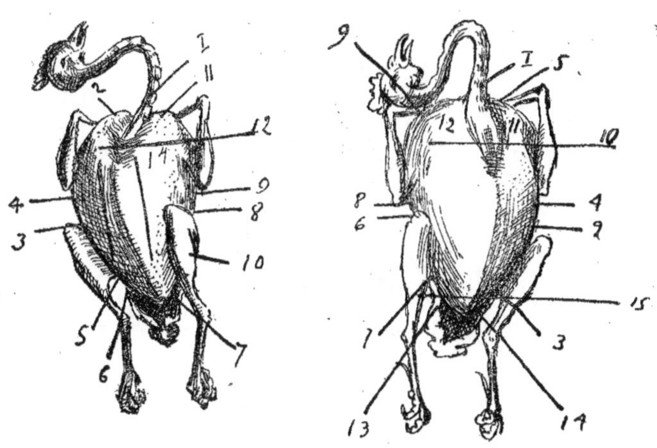

SANS FAIRE TOMBER
LES PIÈCES

## POULLE BOUILLIE

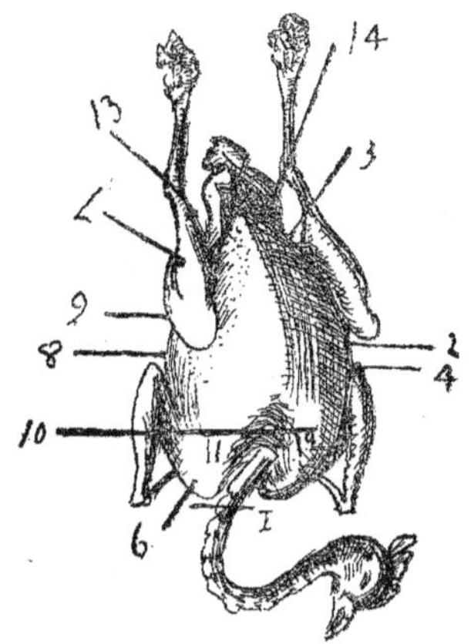

## GALINA
## NERA SA BUON BRODO

La poulle bouillie, les poulets bouillis estuvés et enpasté
se trenchent dans le plat, selon leur grosseur, comme poulles
et chappons, comme c'est bien marqué.

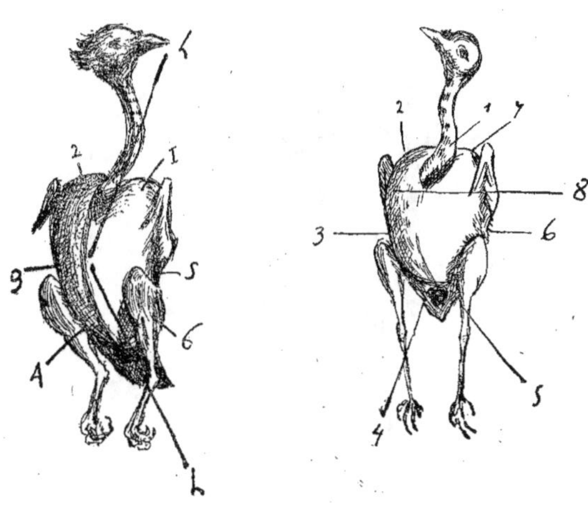

PIGEON EN DEUX DANS LE PLAT      NOUVELLE FAÇON DE TRENCHER

Les petits pigeonneaux les trencherez en quatre, comme il
vous est enseigné au pigeon en deux ou en quatre.

## CHAPPON A L'ITALIENNE

Le mets ordinaire dune table est le chappon, sil est viel sa saison est hyver, mais sil est jeune la saison est lesté partant bon en toute saison.

Il se tranche selon lordre des figures suivantes avec diligence suit la maniere de le présenter ou de le ranger dans le plat.

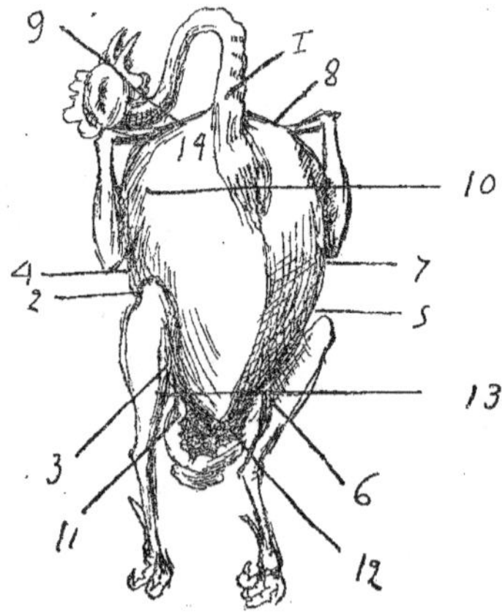


Premièrement : 1. aisle. — 2. blanc. — 3. la poittrine entiere. — 4. la fourchette du deuant avec une des parties plus proche du cropion. — 5. une cuisse. — 6. l'autre cuisse.

Les cuisses se presentent les derniers estant le moins prisées.

## LE COQ D'INDE

Comme j'ai dit cy devant & se trenche sur la fourchette en lair, mais estant grand, vous le trencherez dans le plast, & en sera plus beau.

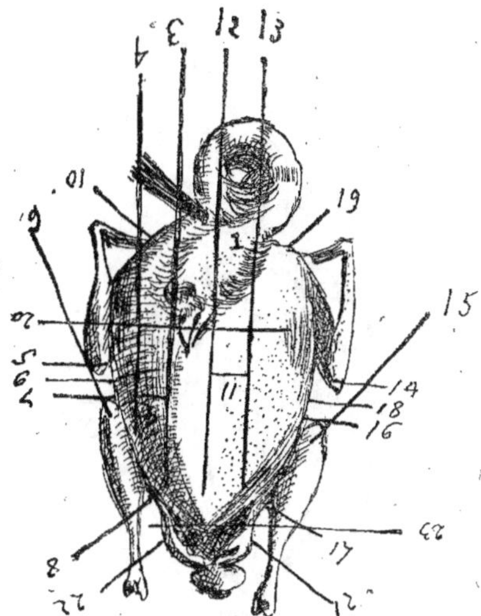

Vous le pouues trencher froid et chaud, la moitié & entier. Estant peu de monde vous en trencherez la moitié, autrement vous tacherez de trencher de l'estomac le plus quil vous sera possible estant les morceaux les plus délicats.

## LE ÇOQ D'INDE

Ordinaire se trenche de cette façon. Mais, estam plus gros, &
ne le pouuant porter sur la fourchette vous le trencherez comme
il est monstre en la figure suiuante.

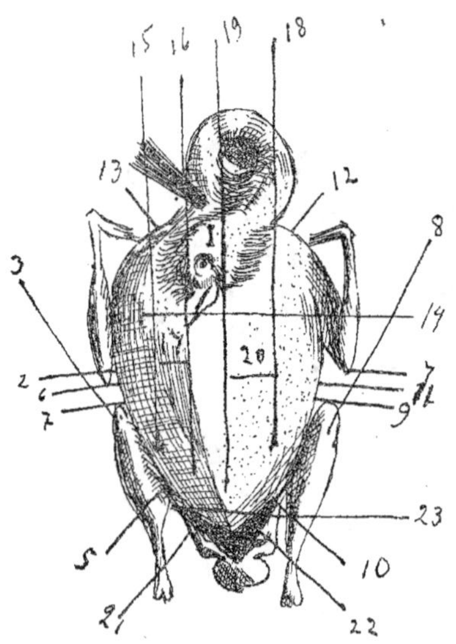


Médiocre vous le trancherez comme le chappon.

## LE CANARD

Estam fort petit vous letrencherez entier, mais estam grand
vous suiuerez ceste manière, le mettant en pièces.

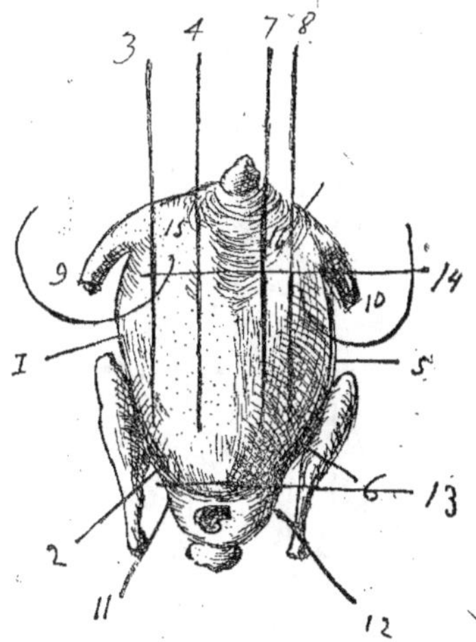


Pour le présenter : premièrement. — une. cuisse, avec la fourchette du col. — deux. l'autre cuisse avec les deux petites four-
chettes. — trois. le croupion avec le dessus de lestomac. —
quatre. l'aisle et le croupion.

Ordinairement on commence par les deux pièces de l'estomac.
Il tutto a guiditio di quelle che serue.

## OYE

Les morceaux de l'estomac sont
les plus délicats puis les cuisses.

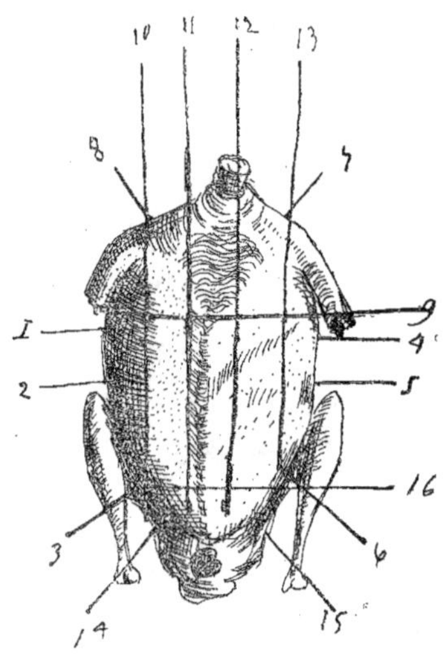

*Dell occa mangrane poco.*

## FAGIANO

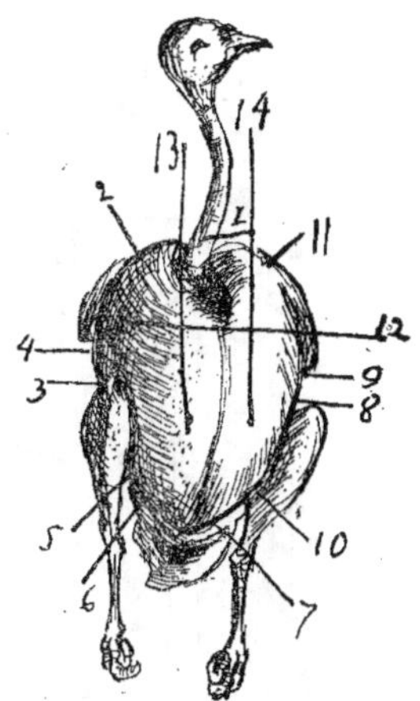



Pour présenter le faisan lon tient que le
blanc est le meilleurs, particulierement à l'extremite de
l'estemac et apres les cuisses.

## LE LIEVRE

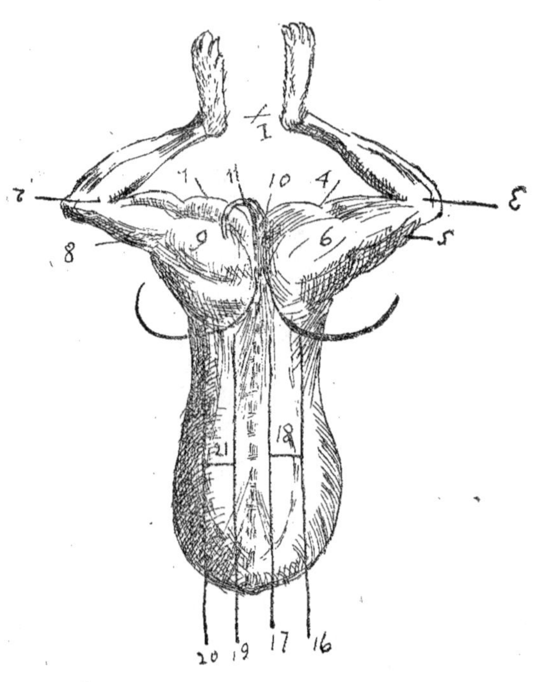

Incontinent que vous aurez trenche les deux pieds & la teste, vous les donnerez à un valet.

On tient que le dessus des reins sont les meilleurs morceaux

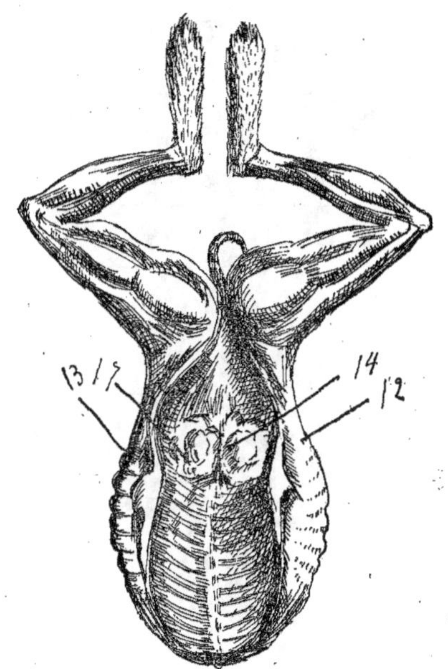


Le lieure a sa fourchette exprès,
dautant que le trou des reins est petit.

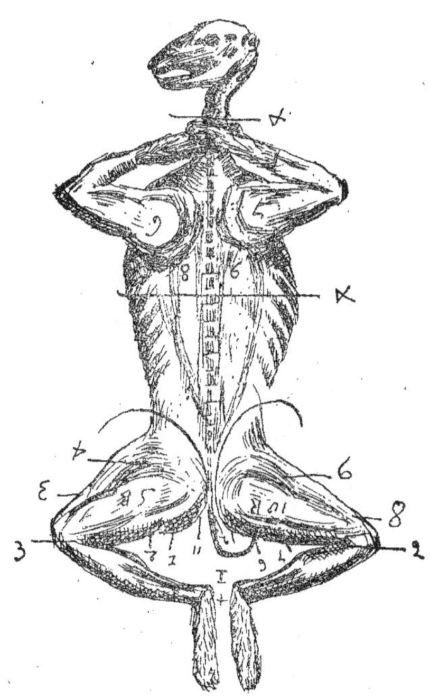

Le reste comme le premier.

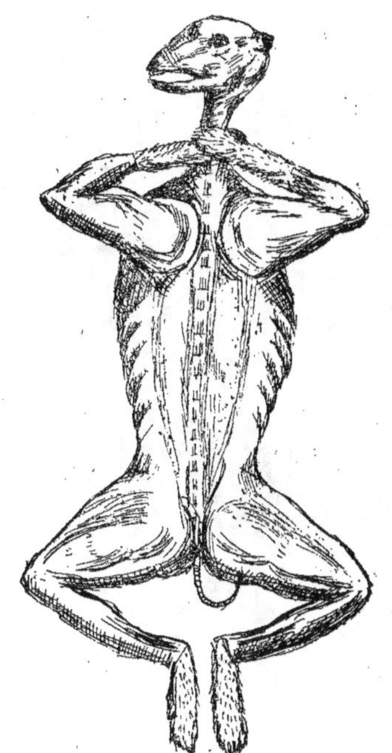

## GIBOC

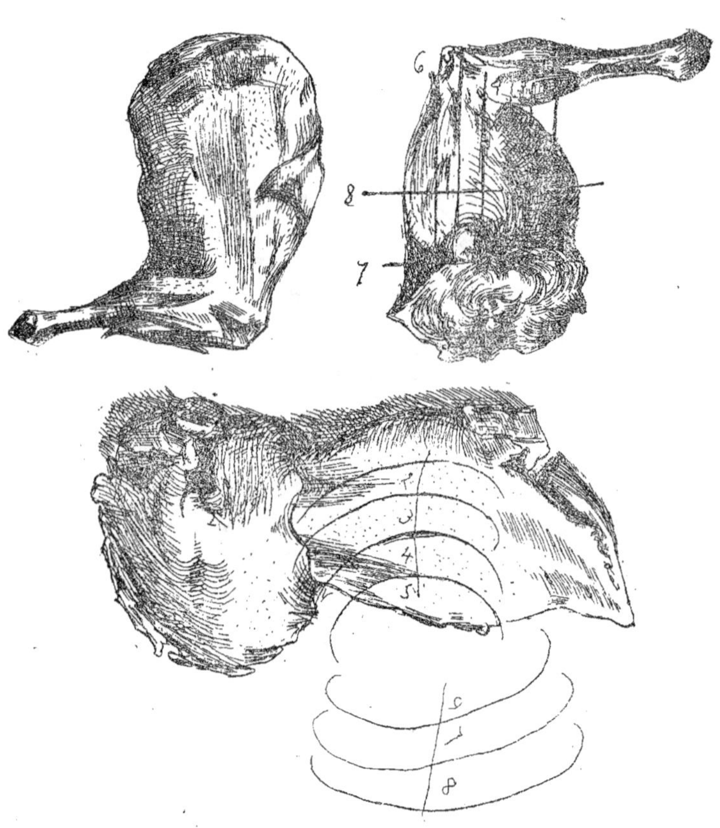

## JAMBON

Mouton le giboc du veau et dautres se tranchent tous dune mesme façon com autant de coups que lom veut.

## LONGE DE VEAU

Vous la trancherez comme sont marques les nombres. A les presentant vous y mettrez, sur lassiette des principaux, du rognon avec son gras.

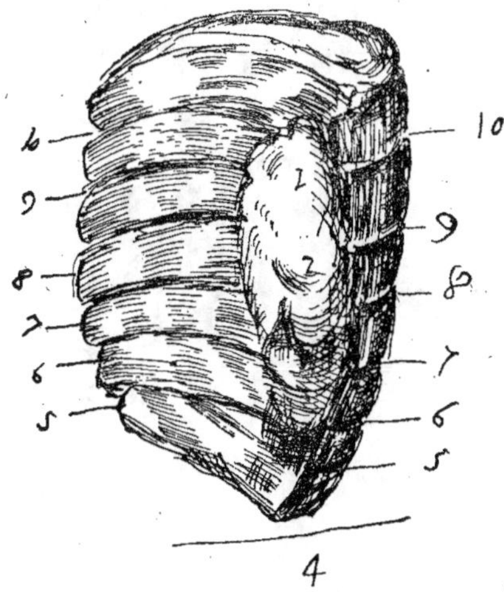

*Pocéa Carne tientt all'osso.*

## LIUR CHIER DE CHEUZE

Incontinent que vous aurez trenche les deux pieds et la teste les donnerez à un valet.

On tient que le dessus des reins sont les meilleurs morceaux le lieure a la fourchette exprès, dautant que le tros des reins et petit.

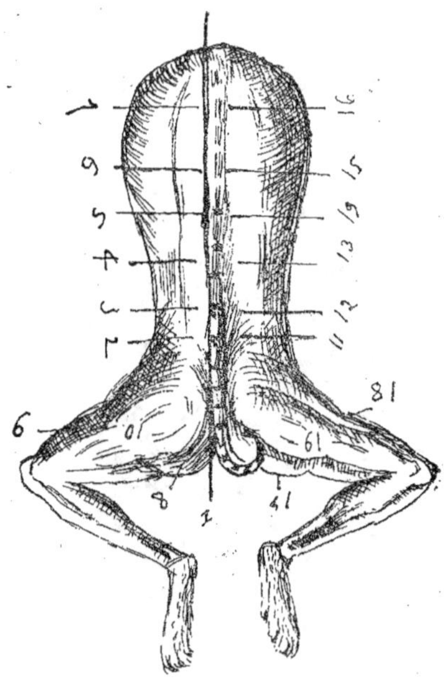

*La Carne ché appresso all'osso epiu saporita.*

## SANGLIER

La teste de sanglier se porte
à table ordinairement froide.

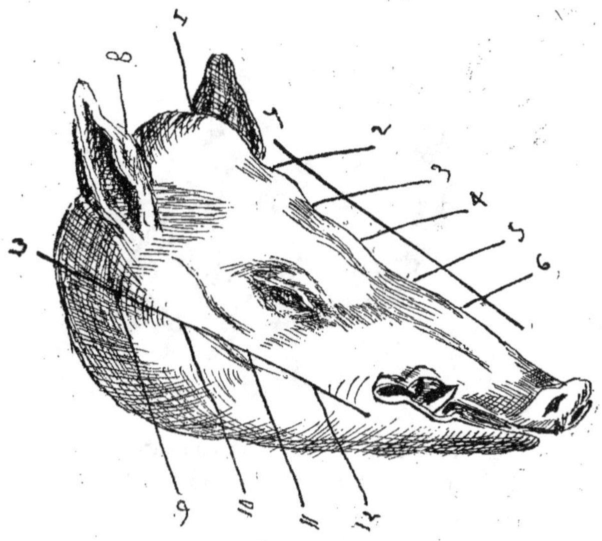

Vous feres des trenchez sur les machoires le plus près du
col de deux costés & présentez premièrement les dittes tranchez
puis les oreilles.

## TÊTE DE VEAU

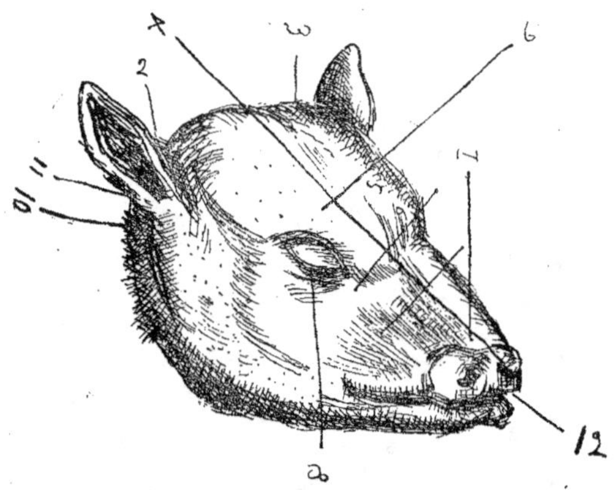

Teste de veau la seruant. On commencera par
les temples qui som deux plats, & une œil auec
une dent qui est aupres de la machoire, &
laustre œil avec laustre dent,. et une oreille
laustre, la langue en autam de part que
bon vous semblera. Vous mettrez la ceruelle
deuant les plus qualifiés de la compagnie.

Pour présenter le cochon il y en a qui tienent les morceaux près du col soyent les meilleurs, estant bien cuis, et dautres les jambes pour moi je suis pour les jambes et les costés.

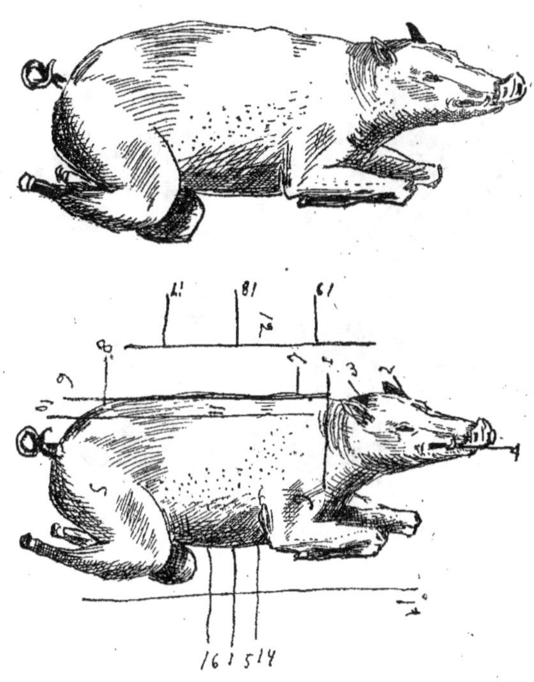

Vous trencherez toutes sortes de poisson d'une meme façon, mais estant grand vous le trancherez de trauers en laissant plus píeces, leuvant premièrement lespine de dedant et laisserez avec la teste un bon doit de la poulpe sera le premier morceau que vous présenterez.

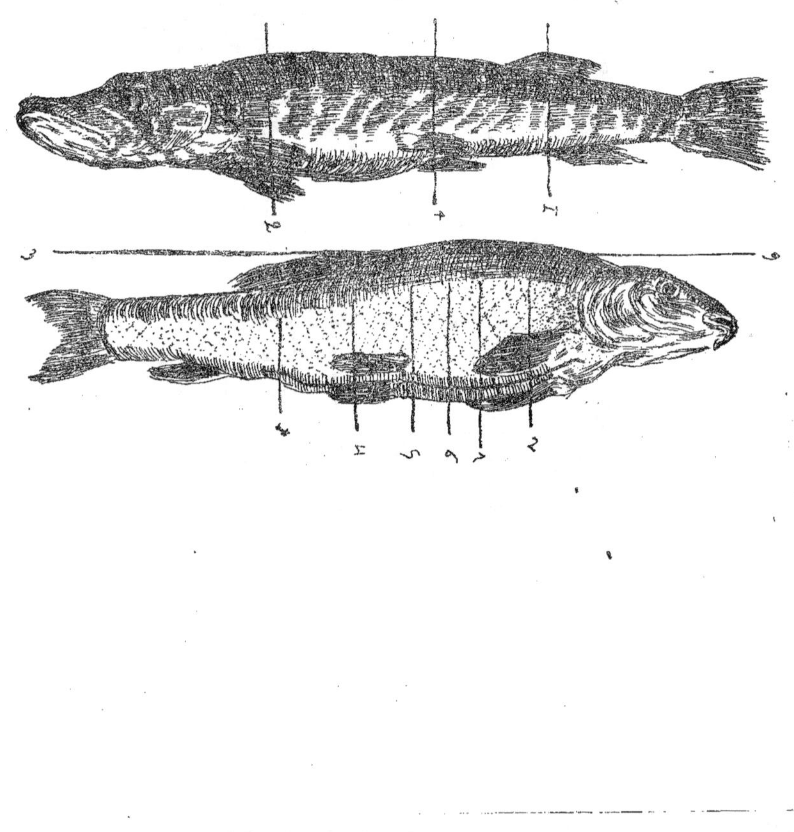

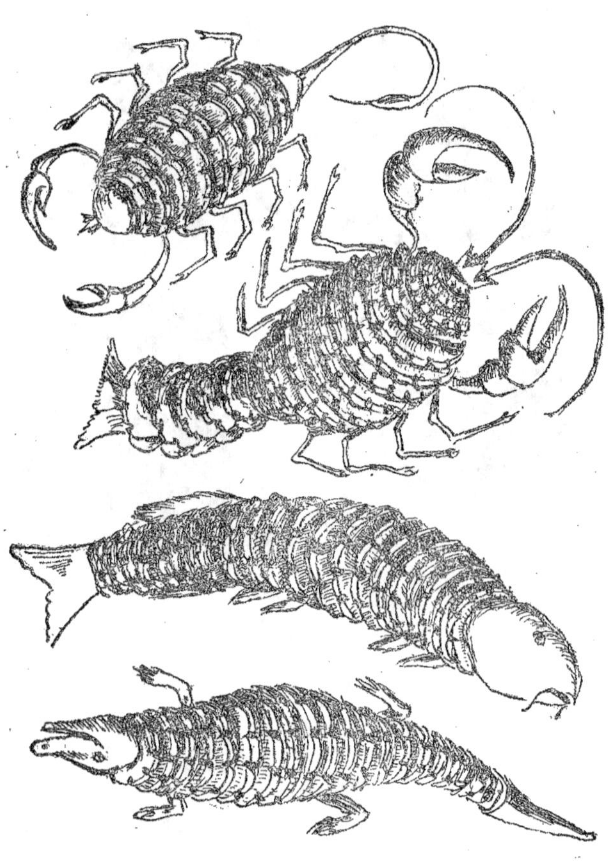

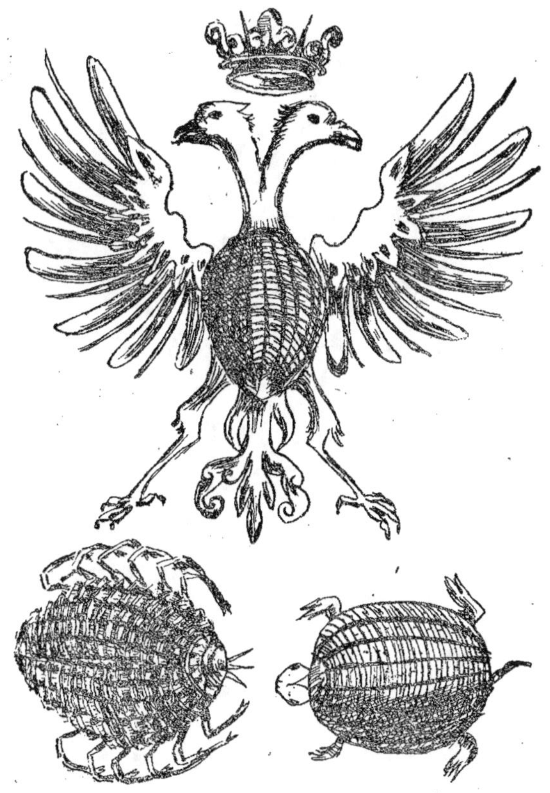

*Monsieur Spindler*

*Ce souviendra sil luy plaise qu'il laisse
à Lyon son très humbles serviteurs serviteur,
qui a receu un extreme regret d'un si prompt
depart Et pour ne luy auoir peu enseigne
ensi peude temps parfaictement & selon son
merite à trencher, mais comme il espere
quilluy adressera ses amis qui viendront a
Lyon. il se promet de les pouuoir rendre
tous habille en ses exercices soit adanser,
voltiger trencher, la langue italienne à sa
considération et se sera a la rue du Bois
que lon trouvera*

*Votre serviteur*

JACQUE VONLETTZ

*proche St-Nisier.*

CE LIVRE
A ÉTÉ IMPRIMÉ
A DIJON PAR
MAURICE DARANTIERE
EN JANVIER
M.CM.XXVI